Thomas Christen

Windweit der Mensch

Gedichte

Bibliografische Information der Deutschen Nationalbibliothek
Die Deutsche Nationalbibliothek verzeichnet diese
Publikation in der Deutschen Nationalbibliografie; detaillierte
bibliografische Daten sind im Internet über http://dnb.d-nb.de
abrufbar.
Umschlagphoto: Annette Fleck
Illustrationen: Thomas Christen

Satz, Umschlaggestaltung, Herstellung und Verlag:
Books on Demand GmbH, Norderstedt
Printed in Germany
ISBN 978-3-8391-7560-6

Inhalt

Stürmisch ...

Windstill ...

Lind ...

Verweht ...

Gegensatz & Einklang ...

Gedichte sind auf eine gewisse Art unfertige Bilder oder fertige Unbilder. Akribisch sucht man nach Auslassungen, windet sich in Wendungen und ertastet Metaphern, nur, um das nicht Geschriebene zu betonen, das Verfasste zur Fassung zu modellieren, das sichtbar Gesagte als Hinweis auf das unsichtbar Gemeinte anzupreisen, und alles in der Hoffnung, dass der mitfühlende Leser nicht einmal nur diese heimlich versteckten Wortzwiebeln zu entdecken, sondern die bereits fertigen Blüten zu pflücken in der Lage ist, um sie nach Hause zu tragen und für sein Seelenheil zu konservieren.

Und wo das nicht bewusst geschieht, fördert das Kanalsystem der Erinnerungen stetig Memorabilien in das Meer unbeschriebener Seiten.

Die eigene Wahrnehmung immer um die gleichen Blocks zu führen, ihr immer wieder die gleichen Auslagen zu zeigen, sie täglich mit den gleichen Reflexen zu füttern mag eine probate Trage darstellen, den eigenen Alltag vom Gestern ins Morgen zu tragen. Im Notfallkoffer menschenverbindender Phantasie, mit dessen Hilfe aus Schauen Sehen – und für die ambitionierteren Phantasten vielleicht sogar Erkennen – werden soll, ist diese Trage völlig ungeeignet. Durch meine Gedichte folgt mir keine Beatrice, keine Laura versteckt sich hinter den Anbetungen ihres Schöpfers, mein Leopold Bloom hat keinen Namen, und hätte er einen, schlenderte er nicht nur durch Dublin, und die bittersüße Melancholie, die einen Bernardo Soares am Leben erhält ist eher zum Versickern verurteilt, es sei denn, der Leser saugt sie aus dem Nichts des zwischenzeiligen Alles.

Ich möchte nicht, dass Sie etwas falsch verstehen: ich verehre diese Menschen zutiefst. Sie und ihre diversen Bekannten sind meine Freunde, und Freunde gehören bekanntlich zum Wertvollsten, was das Leben einem bieten kann. Es ist nur so, dass, wenn ich Gedichte schreibe, automatisch Lücken entstehen und ich nur hoffen kann, dass meine Freunde zu anderer Zeit, an anderem Ort Angebote bereit hielten, diese Lücken zu schließen – auf die eine oder andere Weise.

Nun ja, ein wenig eigene Neugier zusätzlich wäre hilfreich!

Denn plötzlich biegt die Wahrnehmung ab und schlendert durch eine neue Gegend. Dort, wo Tage und Nächte, unsere Tage und Anderer Nächte, unsere Nächte und Anderer Tage, etwas gebären, das überall anders gleich ist: einen einmalig unspektakulären Schatten und seine unzähligen, bunten Grautöne. Und irgendwo dort, in dieser neuen Gegend, sitzen sie, auf einer Parkbank, das Verständnis für den Gegen*satz*, und das Gefühl für den Ein*klang*.

Thomas Christen

Böig …

Reisebilder

In Dresden
zwingerte ich mich,
den letzten Flügelschlag
weiß-goldener Vögel
in unverfroren glänzend Pose,
auf regnerischem Wind
zu hören.

Das Auge,
blind gewölbisch grün,
maß elfenbeinern Zeit,
die niemals wurde,
weil schon verloren, als erfunden
sie war, als Größenwahn
zu blenden.

Die Seele,
als dummer August oft,
spielt brünstig glänzend Spiel.
Empfindet Härte
der Diamanten gleich wie Stärke.
Und hat als weichen Kern
Mätressen.

Die steinern,
wie Putten auf dem Fries,
Körper überliefern.
Wie Blumenvasen,
die in Vitrinen darauf warten,
dem Zufall zu gebär'n:
die Schönheit.

Es schillert
des Wassers matter Glanz.
Sonnenschwang're Stille
endloser Ufer
für blaue Wunder, die bleiben soll'n.
Das meiste nennt der Strom:
Vergessen!

Aber

Am Anfang
flüsterten sie in meine Träume:
schau' hin – aber schau' dahinter!
So lernte ich zu hören,
was nicht da war.

Später
lehrten sie mich zu sprechen:
sage alles – aber verrate nichts!
So lernte ich zu verschweigen,
wovon ich sprach.

Manchmal
gaben sie mir Gefühle zu sehen:
koste die Liebe – aber würze mit Salz!
So lernte ich zu verschlingen,
was nicht konservierbar war.

Du
schenktest mir jeden Tag deines Lebens.
Du warst da.
Aber ich, je mehr ich lerne,
sehe und höre, fühle wenig von mir,
was ich dir schenken könnte.

Des nächsten Kaisers neue Kleider
(Ein Spiel in 3 Akten zu jeweils 3 Aufzügen)

1. Akt

Unbeschreiblich scheint das Leinen,
doch der liebeswunde, erste Augenblick,
webt es dennoch,
ohne Webfehler und Mühe.
Liebe hin,
Liebe zurück.

I
Meinem füllhornvollen Schweigen
folgt ein knospenhaftes Wort.
Du erahnst das Meer der Blüten.
Küsse antworten sofort.

II
Stoff, der deinen Körper zeichnet,
streichelnd, atemloser Blick.
Alles sagende Berührung,
und dein Lächeln strahlt vor Glück.

III
Furchtlos bist du und zufrieden.
Du vertraust dem, was du hörst.
Grenzenlos sind deine Tage,
mit denen du die Nacht betörst.

2. Akt

Unbeschreiblich scheint das Leinen,
doch das liebeswunde Glück
webt es weiter.
Schiffchen unter ersten Wolken.
Liebe hin,
Fragen zurück.

IV
Einer ungewohnten Stille
folgt ein blühend schwerer Satz.
Deine Seele, sie erhellt sich –
und dein Kuss nimmt wieder Platz.

V
Ein fast farbähnlicher Faden.
Fragend, ruheloser Blick.
Nein – das Tuch bleibt rein und magisch.
Zitternd lehnst du dich zurück.

VI
Wissend bist du und erfahren.
Du vertraust dem, was du siehst.
Zartes Muster der Erinn'rung,
das über die Zweifel fließt.

3. Akt

Unbeschreiblich scheint das Leinen,
noch ein kleines, rotes Stück
bleibt zu weben,
fadenscheinig, schamlos schreiend.
Liebe hin,
Schweigen zurück.

VII
Meiner ruhelosen Stummheit
folgt dein lang' verblühter Blick.
Worte, Taten sind zu wenig.
Zweifelnd schaust du sie zurück.

VIII
Irgendwo wartet ein fremdes,
leises, altes, neues Wort.
Und es wird dein Leinen preisen.
Und du wirst wissen, ich bin fort.

IX
In mein Schweigen, in mein Flüstern,
in meinen Schreien wohl befrackt,
wird er meine Worte tragen.
Doch darunter bleibt er nackt.

Epilog

Und unbeschreiblich ist das Leinen,
denn der liebeswunde, nächste Augenblick
webt es wieder,
ohne Webfehler und Mühe.
Liebe hin,
Liebe zurück.

Ferngespräch #1

Es gibt sie nicht, die Kreatur,
an die du glaubst.
Sie ist Vision,
die dünne Spur
in deinem Traum
aus weißem Schnee,
der schmilzt
im Feuer meiner Ränke.

Ein Irrtum,
schwer wie deine Angst.
Bedenke,
du wärest nichts
ohne dein Gegenteil.
Mein weißes Herz malt
deine Seele schwarz.
Dein Gift macht
meinen Kuss zum Heil.
Und wär' mein Traum
so sinnlos
wie dein Ziel,
wären die Worte deiner Zweifel
und meine Sicherheit
ein fades Narrenspiel!

Ein Spiel?!
Vielleicht!
Doch dessen Regeln
du nicht kennst.

Der Mensch war nie
als Gott geplant.
Dein Herr machte ihn
– mir –
zum Freund
und wusste,
was er tat!

Du kannst die Nacht beschwören,
doch du verhinderst nicht
den Tag.
Du magst die Frucht zerstören,
doch du vereitelst nicht
die Saat.

Der Mensch,
von dem du träumst,
war nie mein Feind.
Jedoch Gefang'ner
– eurer –
Zeichen.
Bin ich denn schuld daran,
wenn Gegner sich die Hände reichen?

So zeig' mir
deinen Traum.
Zeig' mir,
an jedem Tag,
die
W-a-h-r-h-e-i-t …

Ach,
ich werde
mich beteiligen.
Am Kreuzzug
deiner Heiligen.

*Ich werde
bei dir sein.*

Angebot

Sie war günstig –

wenig durchgelegen –

verwohnt –

aber –

abstoßen –

kann ich sie immer noch.

Und wieder einloggen –

schauen, wer noch so drin ist –

voll geil –

Halts Maul!

Ich komme –

Ferngespräch #2

Es gibt sie nicht!
Du sahst sie doch!
Sie sind zu schwach!
So warte noch!
Es war ein Traum!
Es ist viel mehr!
Es bleibt dein Wunsch!
Es wird ein Heer!
Sie war'n nie stark!
Sie war'n nie schwach!
Sie werden müde!
Ich halt' sie wach!
Sie haben Angst!
Und das ist gut!
Ich habe Zeit!
Sie haben Mut!
Sie suchen sich!
Dann lass sie geh'n!
Sie werden mich …
…schon überseh'n!
Du wirst verlier'n!
Ich zähle nicht!
Was bleibt dir denn?
Die Zuversicht!

Es gibt sie nicht,
die Kreatur,
an die du glaubst!
Du sahst sie doch!
Ich sah viel mehr!
Was willst du noch?

Ein neues Spiel?!

Glaubensbekenntnis

Auf einem
in Weihrauch
gebadeten,
samtenen
Bänkchen
also
werdet ihr
knien ...

Denn, Freunde,
glaubt bloß nicht,
ihr würdet
sitzend
in die Ewigkeit
zieh'n!

Vielleicht ja doch
in schneeweißen
Hemdchen,
mit Demut
geplättet,
an der ewigen Tafel
den Sitzplatz
gerettet?

Ich werde
...ja, was?
Der Teil eines
Blattes.

Ein einzelnes
Korn.
Ein Teelöffel
Erde.
Ein hölzerner
Dorn.
Ein Tropfen im
Nebel.
Ein halbes Gramm
Wind,
das über die Stirn
eines Lebenden
rinnt.

Zu feurigem Staub
und dann
 …ja, zu was?

Sicher ist,
dass
ich noch da bin
für dich.
Wenn du
hungerst
im Dunkeln.
Die ander'n
sitzen
derweil
zu
Tisch.

Wo wir leben

Ich hörte sie sagen,
dass nur die Guten jung sterben.
Je fester du träumst,
desto näher kommst du der Sonne.
Die Bahnhöfe sind verlassen.
Die Züge fahren nicht mehr.
Wind in Ruinen.
Echos
von Sagen und Legenden.

Kein Grund zur Sorge.
Keine Gefahr im Verzug.
Die Feuer brennen niedrig.
Jedoch,
wenn die Schlechten leben
und die Guten tot sind,
sag' mir, wo stehen wir dann?
Und wohin gehen wir?

Es gab eine Zeit, da waren wir stark.
Als wir noch wussten,
was richtig und was falsch ist.

Es gab Momente,
in denen wir fühlten,
dass wir es versuchen würden.
Wir hatten unsere Kerzen
in der Dunkelheit,
und wir konnten mit Span und Funke umgehen.

Die Sonnenbrillen, die wir trugen,
waren mächtige
Spione.

Wir kämpften bis zum bitteren Ende.
Die Armee der Unschuldigen.
Als Zeugen der Anklage
standen wir aufrecht.

Wir lasen die Zeichen an der Wand.
Und jetzt können wir
uns nicht einmal mehr die Worte
und Gebete zurückrufen,
welche
die Feuer klein halten.

Wir lauschten den Sternen.
Jetzt sind wir mit dem Mond verbunden.
Die Geschichten unserer Wunden
waren wie Winterstürme im Juni.

Wir hörten das Schlagen einer Tür.
Stöckelschuhschritte auf dem Fußboden,
hinaus in die Nacht.
Wir waren wie sie,
hielten die Dinge am Leben.
Wir kämpften gegen die Schatten
und die innere Einsamkeit.

Es gab eine Zeit, da waren wir stark.
Als wir noch wussten, wo wir hingehören.

Was übrig geblieben ist,
sind lächelnde Gesichter,
gefangen in einem Rahmen.
Ein langer Abschied.
Wir bewahren die Fassung.
Eines Tages machen wir alles noch einmal,
sagt der Spiegel.
Aber das ist nicht
dasselbe.

Immer wieder

Sie schlägt mich.
Jeden Morgen.
Täglich.
Immer wieder.
Sie sagt:
sie könne nicht anders.
Es sei ihre Aufgabe.
Ihre Bestimmung.
Ich müsse es ihr
verzeihen.
Immer wieder.
Es sei nicht ihre Hand.
Nicht ihr Wort.
Nicht der von ihr kommende Schmerz.
Sie meint –
täte sie es nicht,
verstünde ich nicht,
was uns beide
berührt.
Sie sagt »berührt«!
Es schmerzt.
Nicht jeder Schlag.
Aber, dass sie mich
für so abgestumpft hält.
Immer wieder.
Ich glaube auch,
sie schlägt
immer rauschhafter zu.
Immer grausamer.

Dieses Brüllen!
Immer wieder.
Aber ich glaube ihr nicht mehr.
Ich höre ihr nicht mehr zu.
Ich schaue sie nicht mehr an.
Ich schließe die Augen
und stelle mir
Schweigen vor.

Gesellschaftliche Kreise

Ich
bin
Du
bist
Er
Sie
Es
ist
Wir
sind
Ihr
seid
Sie
sind
Ich
bin
Du
bist
Er
Sie
Es
ist
Wir
sind
Ihr
seid
Sie
sind
Ich
bin
?

Federhalter

Benutzt,
zu schreiben: liebst du mich?
Missbraucht,
zu antworten: ich liebe dich!
Die Tinte schwarz,
unschuldig weißer Bogen.
Und Tränensalz versiegelte
die Worte, die gelogen.
Ich fühlte Schweiß
von Schuld und letztem Flehen.
Kratzende Fluchtversuche,
gezeichnet schnell im Stehen.
Schon schwanger ging ich längst
mit and'ren Möglichkeiten.
Mit neuen, alten Schwüren
und and'ren, gleichen Zeiten.
Ich schrieb ein Leben.
Ich schrieb: Empfänger unbekannt.
Ich setzte Fragezeichen
und Herzen an den Rand.
Verurteilte zum Tode
und rettete davor.
Ich unterschreibe alles!
Dem Klugen und dem Thor.
Vertraut mit jeder Handschrift,
jedem Fingerschlag,
lass' mich dich eines fragen:
Dein Ziel ist hehr?!
Dein Stift ein gold'ner Wagen?!
Voll Ehrlichkeit und Offenheit?!

Voll Wagemut und voller Zier?!
Vielleicht gehört die Zukunft – dir …
Die Gegenwart, mein Freund
nur mir!

In jedem Haus

In jedem Haus ist ein Verlies,
dort liegen Scherben tief im Staub,
die mir das Leben hinterließ.
Ein Kellerschacht voll braunem Laub.

Hätt' ich die Wahl, ich wählte dich,
und diese Wahl fiel mir nicht schwer.
Doch du wählst auch – genau wie ich,
und deine Träume fragen: wer?

Wir war'n erwachsen und loyal.
Wir wollten keinen Flächenbrand.
Die letzte Rose meiner Wahl
lag ohne Dornen in der Hand.

Es fällt so leicht, ehrlich zu sein,
wenn man den Anker nicht mehr spürt.
Ein simples, klares, kurzes Nein,
bevor das Schiff den Kurs verliert.

Ich wählte immer wieder dich,
wenn es an mir läge zu wählen.
Der Weg entscheidet sich für sich.
Und manches lässt sich nicht erzählen.

Und jedes Haus hat ein Verlies,
ein Raum, den man so gern' vergisst!
In dem die Tränen schlafen geh'n,
die man verlor'n hat und vermisst.

Das ist der Grund, warum ich schlaf',
dass ich die Augen schließ' und schweig'.
Dass ich noch einmal träumen darf,
einfach zu sagen: bitte bleib'.

Weiterer Versuch, dich zu beschreiben

38

Du bist …

… deshalb werde ich.

Innenleben

Bring' mir deine Angst.
Lass' sie meine sein.
Gieße deine Wut
tief in mich hinein.

Leer' die Seele aus,
jede Grausamkeit.
Jetzt und immerzu,
bis in Ewigkeit.

Alle Qual und Gram
fließen in mein Herz.
Sammle deine Tränen,
schenk' mir deinen Schmerz.

Alle deine Rechte
werden meine Pflicht.
Tausche deine Nächte
gegen all mein Licht.

Schenk' mir deine Zweifel,
gib mir, was du willst.
Alle Einsamkeiten,
die du in dir fühlst.

Gestern, heute, morgen,
immer, immer mehr.
Denn die Grube meiner
eignen
Seele
ist
längst
leer.

Das Laub

Das Laub
in meinen Jahr'n,
das unter Bäume fällt,
ist grün,
weil es das Blut
des Jahr's davor enthält.

Das Wort,
das du verlierst,
das sich ins Gestern stiehlt,
bleibt hier,
bei mir zurück,
damit es morgen spielt …

…mit dir
und jenem Wind,
den du vergessen willst,
den du
nur auf der Haut
und nicht darunter fühlst.

Ein Blatt,
ein spröder Satz,
der später wiederkehrt,
als Narr,
der tumben Gestrigen
das schlaue Heute lehrt.

Das Laub,
das vor dich fällt,
um deine Füße rauscht,
hat längst
den nächsten Satz
des Baumsterbens erlauscht.

Die Welt
in all den Jahr'n,
die unter Bäume fällt,
ist grün,
weil sie das Blut
des Jahr's davor enthält.

Reißwolf

Zwerge putzen,
Hecken stutzen,
Starke wählen,
Schwache quälen,
Kinderhasser,
Frau'n-Anfasser,
vorne lachen,
hinten treten,
überwachen,
Sonntags beten,
Hälse drehen,
saufen gehen,
alles fressen,
Kräfte messen,
Billigmänner,
Alleskenner,
Zotenreißer,
Hosenscheißer,
Gummipuppen,
Kegeltruppen,
überall
dazu gehören,
Ruhe stören,
sich empören,
Rasen mähen,
Unglück sähen,
Hundedecken,
Speichel lecken,
Butterfahrer,

Bier und Klarer,
ganz verstohlen,
Pornos holen,
fremde Weiber,
Kaufhausleiber,
auf Kredit!
Ränkeschmied.
Wanzenleger,
Wasserträger,
Biertischkaiser,
Sprüchereißer,
Kirchenfreund,
Menschenfeind,
Hinternkneifer,
Sabber, Geifer,
Protzathleten,
Kotzproleten,
Abkassierer,
Mutverlierer,
Leisetreter,
Geldanbeter,
Besserwisser,
Hosenpisser,
Egoisten,
Pessimisten,
ausgeleert,
ausgezehrt,
kritisieren,
drangsalieren,
intrigieren,
sabotieren,
schikanieren,
demontieren,

ruinieren,
profitieren,
desertieren,
durchlavieren.

Ja, der Reißwolf,
der hat Zähne,
und die trägt er überall.
Glaube ja nicht,
wenn er käme,
übersäh' er deinen Stall.

Konjugation

Ich lebe
Ich lebte
Ich habe gelebt
Ich hatte gelebt
Ich werde leben
Ich werde gelebt haben

Ich werde gelebt
Ich wurde gelebt
Ich bin gelebt worden
Ich war gelebt worden
Ich werde gelebt werden
Ich werde gelebt worden sein

Ich würde leben

Ich würde gelebt haben

Ich …

Romantik

Manchmal – Sandgesichter
auf dem Strand.
Spurensuche und Erinnerung
reisen in ein and'res Land.
Und die See
wird wild und zornig,
weint ein weinendes
Gesicht…
Chancen hatten wir so manche.
Doch genutzt
wurden sie nicht.

Chancen –
Nun, vielleicht ja
doch nicht.
Die Gezeiten wechseln schnell.
Und die Wellen schließen Augen,
denn der Himmel glänzt so hell.

Noch immer hör' ich,
was du sagtest,
als der Wind die Worte stahl.
Und ich deine Augen fragte
flüchtig, öfter, tausendmal,
ob ihr Klang mich finden sollte.
Und wir wogen un'sre Blicke,
schickten sie hinaus aufs Meer.

Manche Muscheln rauschen ewig.
An'dre Häuser bleiben leer.

Vorstellung

Auf samtleisen Sohlen
bist du verschwunden,
der Nacht folgend,
aus meinen Tagen geschlendert.

Jetzt gehst du mir
durch den Kopf,
mit eisenbeschlagenen Stiefeln,
meine Träume jagend
und durch meine Nächte marschierend.

Als Kleid
zum Auszug,
wähltest du ein Kostüm,
passend zur Vorstellung.
Voller Spitzen
und blutrot.

Ich hätte dir
viel öfter sagen sollen,
wie sanftmütig
du warst –
nackt
und barfüßig.

Widmung

Für mich.

Nein, nein,
für dich und mich.

Ach je …
vielleicht
am Ende
doch
für

dich.

Zwei Türme

Ich habe die Wahl.
Da oder drüben.
Hüben oder dort.
Seite um Seite.
Und Wort für Wort.
Endlose Stiegen
aus Fakten und Lügen.
Dunkle Etagen
aus Zahlen und Namen,
aus Sieg und Blamagen,
aus blinder *Geschichte.*
Staubige Stufen
hinauf zur Erkenntnis,
wo mausgraue Himmel
mein Bildnis verhüllen.
Wo auf brüchigem Sockel
unter eisernen Stiefeln,
in denen ich schritt,
auf den ich mich schob'
zu lesen steht:
Der Misanthrop.

Oder endlose Treppen
aus Wünschen und Träumen.
Mondklare Welten
aus Menschen und Räumen,
aus Plänen und Zielen,
aus bunten *Geschichten.*
Samtweiche Stufen

hinauf ins Geheimnis,
wo gleißende Sterne
mein Bildnis enthüllen.
Wo auf marmornem Sockel
unter samtenen Schuhen,
in denen ich lief,
auf den ich mich hob'
zu lesen steht:
Der Philanthrop.

Zugig …

Kreuzweg

Leben und Sterben.
Kommen und Gehen.
Ertrinken oder Verdorr'n.
Gott oder Teufel.
Ebbe und Flut,
aus Küssen und sprachlosem Zorn.

Alles bleibt anders.
Alles wird gut.
In Himmel und Hölle vereint.
Wir halten zusammen.
Wir machen uns Mut
und haben die Liebe zum Feind.

Weiter und weiter
und weiter und weiter
und weiter darüber hinaus.
Weiter und weiter,
bis an kein Ende.
Und weiter
zum Aus.

Alle Betten

Er wollte
in sich ruhen.

Aber alle Betten
waren
belegt.

Die Welt
schlief
ihren Lebensrausch
aus.
Eingehüllt
in das ewige Murmeln
leerer, rollender
Champagnerflaschen.

Und so
schlummerte er
weiter
auf den
parkenden Bänken
seiner Entourage
und
übernachtete
auf den
Rücksitzen
der anliefernden
Nächstenliebe.

Er wollte
in sich ruhen.

Aber alle Betten
waren
belegt.

Der Erotomane

Wir
erteilen ihm
das Wort.
Er
verteilt
die Wörter.
Einsammelnd
lassen wir ihn ausreden.
Obgleich seine Rede
nur aus eben diesen
besteht,
befällt
uns
kein verhüllter
Widerspruch.
Denn
vor-urteilen
und
nach-denken
folgen
sich nicht.
Sie verfolgen sich,
wollüstig,
zweifelnd.
Und so
richtet er sich
auf,
auf dem immerwarmen Lager
seiner nackten
Vermutungen.

Wir
schlagen
die Augen nieder.
Verließe
er
nur einmal das Bett,
um den Vorhang zu öffnen
und aus dem Fenster zu schauen.

Die Hosen des Pornographen

Sage nicht, dass du es erkennst.
Natürlich erkennst du es, aber
es ist anders, als du denkst.
Es sei denn, du behauptest,
einen Tropfen Wasser im Meer zu erkennen,
einen Atemzug im Sommerwind,
die Zeit, wenn Tageslicht in Dämmerung übergeht.
Ich fürchte, es bleiben Fragen zu stellen.
Ein philosophischer Disput.
Es gibt das Gute und das Böse.
Aber dies träfe die Frage nicht
in dieser subtilen Angelegenheit.
Es gibt Millionen Wege, alle Antworten
tief drinnen zu verstecken.
Wenn wir schneller sind als der Rest,
haben wir eine Chance, den Test zu bestehen.
Wir leben die Regeln, denen wir vertrauen.
Es gibt ein Dürfen und ein Müssen.
Und all die Zwielicht-Nachrichten am Abend belegen,
dass es ein größeres Problem gibt.
Unter dem Bett eine versteckte Kiste.
Und auch heute Nacht schläft die Seele angekleidet.
Wir standen zu lange
vor dem Kiosk.
Wir wählten eine andere Drogerie,
um Parfum, Seife und Vaseline zu kaufen.
Es ist alles in Ordnung.
Wir sind kampferprobt.
Menschliche Wesen wie wir sind nicht so verrückt.

Kein Grund zur Unruhe.
Kein Grund zur Eile.
Aber zurück zur Frage, die ich hatte:

Und wer bist du?

Freier
(Ein Liebeslied)

Süßer – hör' auf zu schwallen.
Ich bin weder arm noch gefallen.
Kleiner – ich leb' hier, weil ich das will.
Geh', oder sei endlich still.

Ja, Mann – Typen wie du!
Zu Hause ist alles tabu.
Der Himmel sagt Nein und die Hölle sagt Ja.
Und hier spielen sie Missionar.

Wetten – es ist nur ein Spiel.
Wie lange, was und wie viel!
Lauf' heim zu Mutti, und rede dich groß.
Kleiner, geh' und lass' los.

Deine abgefuckten Phantasien
brauch' ich nicht.
Du musst die Welt auf dieser Seite
nicht versteh'n.
Komm –
fass' an!
Und dann beruhige dich, Mann.
Sonst bleibt er dir ewig steh'n.

Nein – ich bin ganz normal.
Aber, Junge, ich treff' die Wahl.
Typen wie du, die liegen mir nicht.
Ich bin viel zu teuer für dich.

Schreibfehler

Ich will ja nichts sagen, Aber wissen sie!
Sagen sie nichts. Ich weiß!

Wussten sie, der jüngste Sohn von …
Schweigen sie, ich hörte schon.
Wundern braucht man sich ja nicht.
Man spricht ja heute nicht von Schicht.

Danke auch für ihr Gebäck,
deliziös, wie stets perfekt.
Nur die Pfunde setzen an.
Gestern abend sagte mein Mann …

…ja, es tut uns wirklich leid.
Eine schlimme Neuigkeit.
Diese Stelle war vakant?
Diese Welt ist intrigant …

Doch so bleibt uns Zeit zu reisen.
Alles and're wird sich weisen.
London ist so wunderbar!
Wir waren jüngst ja zweimal da.
Ihre Tochter promoviert dort.
Ja, sie ist schon lange fort.
Schafft sie das, allein, mit Kind?!
Man weiß ja, wie die Kinder sind …

Ich will ja nichts sagen, Aber wissen sie!
Sagen sie nichts. Ich weiß!

Und müde scheint der Sonne letzter Glanz,
erwärmt des Gipfels Eleganz,
erhellt der Welt den Blick
in solch' erhab'ne Winkel.
Doch hinter Höhen
– schwer zu sehen –
wird es mit jedem Abend
früher
dünkel

Sonntags im Neandertal

Homo antecessor, Kleines,
aus dem Pleistozän.
Zeit des Känozoikums
oder Neogen.
Schau', mein Liebes, diese Stelle,
als Teil der Prognathie.
Torus supraorbitalis,
sieh' doch, ma Cherie.

Und Cherie spricht zur Vitrine:
Opapa, wann gehen wir?
Opa hat jetzt schlechte Laune.
Und Cherie ist gute vier.

Drüben, an den Forscherschränken,
Schubladen und Tafelwerk,
rumms und auf und bumms und zu,
entwickelt sich ein and'rer Zwerg.

Während hoch aus dem Gewölbe
eiszeitliche Schreie fliegen,
weil im Sandkasten für alle,
für alle keine Knochen liegen.

Und ich drück' das Weiter-Pfeilchen
auf dem Bildschirmpiktogramm,
doch ein kleines Patschehändchen
patscht auf *Back*, da kommt es dran.

Mama mit den Lederhosen
und dem Fellhut lacht beseelt,
wie sich ihr Klein-Archäologe
mit mir durch die Bilder quält.

Aufrecht gehend hin zum Ausgang
bückt man sich und flüstert spitz:
Bitte, nun benehmt euch Kinder.
Sind das hier eure Pommes Fritz?!

Draußen steigt man auf die Pferde,
die noch keinen Namen tragen.
Es genügt, sich mit den Fäusten
auf die stolze Brust zu schlagen
und zu grunzen: XC90,
GLK, X5, Q7
Jagen, jagen,
Jagen!
Jaagen!

Ich dachte es ja immer schon!
Sonntags im Neandertal,
schläft
die
Evolution.

So wird man alt

Sie waren
zwei.
Sie wurden
eins.
Sie fühlten
alles.
Sie ahnten
nichts.
Er nahm
vorweg,
und sie gab
nach.
Schattenspiel
am Rand
des Dämmerlichts.

Er träumte
tief.
Sie atmet
flach.
Er nahm sie
fest.
Sie gab ihn
frei.
Dann stand er
quer,
und sie ging
kreuz
gekrümmt daher

in geradliniger
Heuchelei.

Er dachte:
ich.
Sie meinte
sich.
Sie waren
jung.
Sie werden
alt.
Sie gehen
fremd.
Sie steh'n
vertraut
im Vordergrund
und sich'rem
Hinterhalt.

Sie unter-
wandern,
über-
gehen.
Sie denken
nach.
Sie leben
vor.
Sie tauchen
auf.
Sie sinken
ab,
schon vor der Tür

im dunklen
Korridor.

Sie fühlen
nichts.
Sie ahnen
viel.
Sie sammeln
ein.
Sie teilen
aus.
Sie lernen
Katze.
Sie lehren
Maus,
im großen,
steingewachs'nen
kleinen
Kartenhaus.

Ich jagte
mich.
Du flohst vor
dir.
Uneingeschränkter
Vorbehalt.

Wir fühlen
vor
und leben
nach.
Verneint,
bejahrt.

So

wird

70

man

alt.

Eine Todsünde

Bevor ich den Dreck

vor meinem Bett

klaglos und schweigend

hinnehmen kann,

muss ich ihn tausend,

tausend und einmal

lustvoll und schreiend

nächtelang fressen.

So fängt es an.

Tätowierung

Ich knüpfe
wunde Punkte
auf einen unsichtbaren Faden,
der sich durch mein Leben zieht.

Die Röteln
meiner Schwächen,
bedeckt von puderweißem Lächeln,
damit man meine Angst nicht sieht.

Die jedes Wort
abtastet
– und unter Quarantäne stellt –
das mich heimlich untersucht.

Während jeder
meiner Blicke
jede fremde, schwache Rötung
als Etappensieg verbucht.

Auf dem Weg
zu Anerkennung.
Und ich stech' mir wunde Punkte
deutlich sichtbar ins Gesicht,

damit die Meute
sie zerkratzt …

Denn das Blut der echten Wunden
bekommt sie
nicht.

Tanzvergnügen

Heut' ist Tanz auf dem Gipfel im Wind.
Wer am längsten sich dreht, der gewinnt
die Küsse der Mädchen als Preis,
und so bindet man Hände zum Kreis.

Und ruft sich mit lautem Juchhu
die kleinen Geheimnisse zu,
die es braucht, um siegreich zu sein
und den Jungfrau'n die Lippen zu leih'n.

Ein himmlisch, hymnischer Klang
befeuert der Männer Gesang,
und ein jeder schielt auf einen Mund,
doch die ersten scher'n aus, aus dem Rund.

Beweinen ihr Schicksal auf Knien,
die Träume zum Himmel flieh'n.
Doch die anderen schließen das Loch,
denken lächelnd: wir tanzen noch!

Nur die Schwachen geben es zu,
es zerbrechen Herz und Tabu.
Die Hoffnung im Himmel verteut.
Die anderen schweigen erfreut.

Deren Glaube als Tänzer beschwört
den Preis, der dem Stärksten *gehört*.
Und der Stärkste ist fest überzeugt,
dass ein Kopf dem Gewinner sich beugt.

Und so wirbeln sie schweigend umher,
lächeln sich zu, fragen: wer
fährt als nächster zu lüsternen Hölle?
Und wer ist als nächster zur Stelle?

Ihre Schuhe, sie donnern auf Holz.
Tanzbodengesten aus Stolz,
aus Hybris und ranzigem Schweiß,
besessen scharf auf den Preis.

Doch der Preis hat das Kind überwunden,
die Jungfrau die Liebe gefunden.
Und sie schreien es lauthals hinaus:
Meine Herren, die Feier ist aus!

Und die Herren, sie schauen betreten,
ja, teilweise hört man sie beten.
Aber, aber, ein Spiel, meine Damen!
In Gottes Namen …
Amen.

Plätze Wörter Löcher

Sie sagen, er sei hässlich,
uncharmant und ohne Atmosphäre.
Eine abstoßend und grässlich
laute und nichts sagende Affäre.

Sie sehen nicht.
Sie sehen nicht, dass fratzende Fassaden
Glasaugenblicke blind sanieren,
Betongerippe ummöblieren!
Wie stolz ihr Schritt!
Auf unverbauten Marmorpromenaden …

Sie schauen auf die Schuhe,
begreifen nichts und stellen keine Fragen.
Sie wollen ihre Ruhe
und denken laut: soll er's halt klarer sagen!

Versteh'n ihn nicht,
den Zwischenraum aus unsichtbaren Worten,
über die Regenbogenbrücken
und durch die Satz- und Zeilenlücken
auf den Olymp!
Sie flieh'n zu weitaus leichter auffindbaren Orten.

Das Loch
in dem man
irgendwann
verschwindet,
ist nur ein Loch,
weil eine Hand
die Wand
nicht findet!

Stürmisch ...

Hören und Sehen vergehen

Sehen,
wie ein Blick
sein Ziel
nicht erreicht,
weil
bleischwere
Tränen
aus Nichts
wortlos
verwehen,
öffnet
die Augen
und den Wunsch
zu erblinden.

Hören,
wie ein Wort
den Plan
überstimmt,
die
heilende
Stille,
aus Lust
sprachlos
zu sehen,
dröhnt
in den Ohren,
bis man hofft,
zu er-tauben.

Geister –
Wie ein Fluch,
der quält,
alles weiß.
Die
blutenden
Tage,
den Staub
fremder
Ruinen
kennt,
sehnend,
dass Hören und Sehen
vergehen.

Eine Schrittweise

(In Verehrung für F.S.)
In Anlehnung an die Winterreise und unter Verwendung
von jeweils 24 Originalzeilen aus derselben

Legte sich der dunkle Schnee im Jänner auf das Dach?
Ersann das Eis aus künft'gen Schmerzen
einen Scherenschnitt?
Wohl an, du zwölfter Sohn, die Zeit ist jetzt schon
schwach.
Es zieht ein Mondschatten als mein Gefährte mit.

Der Wind spielt drinnen mit dem Herzen,
wie auf dem Dach, nur nicht so laut.
Und alles, was du fühlst, denkst, siehst und träumst,
schon Heimstatt wundersam vertrauter Schmerzen,
aus Klängen tief unter der Haut.

Sie werden Blüten treiben, wahrlich jeder Ton.
Und späte Echos bleiben dein unbekannter Lohn.
Schmelz den Schnee mit Liedern, singe bis ins Grab.
Gefror'ne Tränen fallen von meinen Wangen ab.

Wo find' ich eine Blüte, wo find' ich grünes Gras?
Halt ein in deinem Sehnen.
Du kennst nicht, was ich kenn'!
Du hörst noch nicht, was ich schon las!
Auch du wirst Blumen finden,
auch dich findet der Spaß!
Nur um zu komponieren,
kamst du auf diese Welt!
Nur um Musik zu dichten,

kamst du an diesen Ort!
Und immer hör' ich's rauschen, du fändest Ruhe dort.
So spiel' die Bratsche, spielt und spielt.
Lasst die Welt erklingen.
Später wird die Welt für dich
deine Lieder singen.

Fühlst du meine Tränen glühen,
da ist meiner Liebsten Haus.
Stummes Sehnen, wundes Flieh'n.
Lasst mich geh'n!
Ich muss hinaus.

Auf diesen Bänken stirbt es.
An diesen Wänden schweigt,
was mich durchrauscht und klingend
den Weg nach draußen zeigt.
Oh, Rinnsal meiner Seele,
so zärtlich und so wild.
Mein Herz, in diesem Bache erkennst du nun dein Bild.

Wie anders hast du mich empfangen,
du Stadt der Unbeständigkeit.
Ich wäre gern mit dir
über die eitlen Bretter
deiner Welt gegangen.
Hinauf zum Himmelszelt,
vor strahlend roten Wangen,
glanzvollen Augenpaaren,
wundapplaudierten Händen,
das Haupt demütig neigen.
Du hattest selten für mich Zeit.
Ich war nur eine Wenigkeit.

Doch alle gramgebeugten Träume
zeugen schneebedeckte Weisen,
steigen in die Nacht hinab,
wo sie zwischen guten Freunden
hoffend durch die Stunden rinnen.
*Jeder Strom wird's Meer gewinnen,
jedes Leiden auch sein Grab.*

*Auch du, mein Herz, in Kampf und Sturm,
so wild und so verwegen,*
suchst die Wärme und den Glanz
schwärmender Kollegen.
Sagt mir, wo ich ruhen kann,
wo darf meine Schlafstatt steh'n?
Müssen meiner Träume Ziele
weiter durch die Gassen weh'n?

*Ihr lacht wohl über den Träumer,
der Blumen im Winter sah.*
Ach, all ihr ehrlichen Seelen,
eure Lügen sind wunderbar!

*Ach, dass die Luft so ruhig!
Ach, dass die Welt so licht!*
Die Erde ist gar himmlisch.
Das Leben ist es nicht.

Auf diesen Bänken stirbt es.
Auf solchen Tafeln steht es nicht.
Menschenwelt, verstehe mich,
auf diesen Bänken sterbe ich.
Ich schreibe, schreibe, schreibe.
Die Post bringt keinen Brief für dich.

Der Reif hat einen weißen Schein
mir übers Haar gestreuet.
Ich schlaf' an ihrer Seite ein,
die mir das Herz erfreuet.

Krähe, wunderliches Tier
willst du mich nicht verlassen?
Krähe, Liebe nennt man dich,
jetzt lehrtest du mich hassen,
weil ich begehrte, was ich sah'.
Oh, Herz, vergesse, was geschah.
Weil du mir kranke Lieder singst
und reißend durch die Adern dringst.
Schwarzer Vogel, machst mich krank,
Tod und Trübsal sind der Dank
für den Fluch in meinen Träumen.

Hie und da ist an den Bäumen
manches bunte Blatt zu sehn.
Warum, widerliche Krähe,
ließt du mich nicht einfach steh'n!

Bellt mich nur fort, ihr wachen Hunde.
Neue Lieder, neue Runde.
Hört mir zu und hört nicht hin.
Fragt mich angstvoll,
wer ich bin.

Wenn es eure Ruhe stillt,
sag' ich euch:
Es ist nichts als nur der Winter,
der Winter kalt und wild.

Und dennoch fragt ihr schweigend: wer?
Mich dünkt es gleich, nach wem ihr sucht.
Ein Licht tanzt freundlich vor mir her
Hinab in eine finst're Schlucht.

Weiser stehen auf den Straßen,
weisen auf die Städte zu.
Doch ich wand're durch die Gassen,
fort von allem, was mich hält,
fort von allen, hin zur Ruh'.

Nun weiter denn, nur weiter,
mein treuer Wanderstab.
Spür' mit mir dieses Rauschen,
das uns die Töne gab.
Sie werden uns geleiten
durch Winter, Eis und Schnee,
bis ich mit meinen Liedern
vor uns'ren Gräbern steh'.

Ich fühle kein Beklemmen.
Die Nacht, sie ist mein Freund.
Ich schreibe jedem Wintertag
die Eismasken herunter.
Und fürchte nicht die Dunkelheit,
nicht Einsamkeit und Stille.
Wenn mein Herz im Busen spricht,
sing' ich hell und munter.

Drunten ruft der Gräber Schein.
Im Dunkel wird mir wohler sein.

Ich leb' in and'ren Welten.
Mein Herz darf mit dir geh'n.
Was deine Augen wählten,
darf meine Seele seh'n.
Ach, könnte ich nur ein ein'zges Mal
an deiner Wiege steh'n,
um dir nur kurz zu sagen:
der Winter wird verweh'n.
Um dich ganz leis' zu fragen,
am Ende aller Tage:
Willst zu meinen Liedern deine Leier dreh'n?

Freunde, löscht die Feuer

Freunde, löscht die Feuer,
haucht die Kerzen aus.
Wir war'n uns lieb und teuer,
doch jetzt geht es nach Haus'.

Wo immer dies auch sein mag,
wir war'n nie wirklich fort.
Wo immer dieser Ort lag,
schon morgen sind wir dort.

Die Reiter falscher Ziele,
sie sind jetzt endlich hier.
Vielleicht sind es zu viele.
Ganz sicher – sind es wir!

Brüder, holt den Zunder
und sorgt, dass man erkennt:
es gibt nur unser Wunder,
wenn dieses Ende brennt.

Und hört, setzt eure Schritte
nach vorne auf den Wind.
Ein jeder in der Mitte,
war'n wir, was sie nie sind.

So öffnen wir die Türe
und reiten nun hinaus.
Wir stehen nicht mehr Schmiere
für höhnenden Applaus.

Freunde, singt die Lieder.
Wir kennen jedes Wort.
Wir kehren endlich wieder.
Wir waren niemals fort.

Zittert, wenn sie reiten.
Die Angst wird uns befrei'n.
Wir werden uns begleiten,
gemeinsam Furcht verzeih'n.

Brüder, lasst mich hören,
was war, das ist vorbei.
Und wenn sie uns zerstören,
dann sind wir trotzdem frei.

Dann sehen wir uns wieder
in einer andern Welt.
In anderem Gefieder,
wo jede Feder zählt.

Gestern war'n die Sterne
nur unser einzig Haus.
Doch morgen, in der Ferne,
da bauen wir es aus.

Das Stroh in dieser Scheune
ist nassgeträumt und alt.
So kommt denn, meine Freunde.
Es war zu lange kalt.

Löscht die Feuer lebend,
brennend nun hinaus.
Für alle alles gebend,
denn heut' geht es nach Haus'.

Erneuter Versuch, dich zu beschreiben

Gäbe es …
Aber es gibt nicht.

Ginge es …
Aber es geht nicht.

Stünde es …
Aber es steht nicht.

Wäre es …
Aber es ist nicht.

Hätte ich …
Aber ich habe nicht.

Könnte ich …
Aber ich kann nicht.

Sähe ich …
Aber ich sehe nicht.

Wüsste ich …
Aber ich weiß nicht.

Fühlte ich …
Aber ich fühle
noch
nicht
genug.

Geschäftsessen

Vorspeise:
Schaumvolles Warten,
an Gläser gelehnt.
Triefende Worte
aus knurrenden Mägen,
in duftende Teller
und Schalen gestöhnt.

Il secondo:
Stilträges Mahlen
begeisterter Zungen.
Scheibchenweise
Siege verschlungen.
Schenkel errungen
mit fettigen Klauen.
Männer und Frauen.

Main Course:
Rosa umränderte,
blutige Tropfen
liebkosen
in Sturzbächen
fleischliche Last.
Taumeln ins Feuer,
sterben in Schwaden,
verwandeln den Hof und Palast
in Wein getränkte,
sich leckende Lippen.
Selige Hoffnung
aus Knabbern und Nippen.

In Tabaksdämpfen
die Liebe besungen.
Über Straßen aus Cremes und Kuchen
gekrochen.
Tische geleckt,
die nach Alkohol rochen.

Dessert:
Uneingeladen gehurt und geflucht.
Von niemand vermisst das Weite gesucht.

In Liebe

Ein Rechteck
und
ein Linksrund
kopulieren.

Jedoch
auch
in der Liebe
kann passieren,

dass eine Summe
fehlerhaft
und lebenslang
nur Ärger schafft.

Es zieht und zerrt
und kommt nicht fort.
Ist hier und da
und wieder dort.

Was kann man schon erwarten
von einem Kinder-Dings
namens
Rechts-Links.

Nicht abergläubisch

Ich bin nicht abergläubisch.
Es heißt,
das bringe Unglück.

Jedoch,
was ist es,
das mich fühlen lässt:
Die meisten Katzen gaben viel!
Die letzte Katze gab den Rest!
Von oben, unten,
links und rechts,
das ließ die Katze kalt.
»Sei nicht so empfindlich ...«,
sprach' die Axt im Wald'.

Ich bin nicht abergläubisch.
Ich traue
jedem Schwein.

Jedoch,
was war es,
das mich denken macht:
Die meisten Schweine lachen nicht!
Das letzte Schwein hat laut gelacht!
Schlachtermeister
Ringelschwanz
lag im Hinterhalt.
»Warum denn so empfindlich ...«,
sprach die Axt im Wald'.

Ich bin nicht abergläubisch.
Ich fresse
jeden Klee.
Und gieße Blei
tief in mein Herz,
wenn ich euch beide seh'.

Verschlungen #1

Ich sage
etwas.

Manchmal sage ich
wenig mehr.

Wenn ich
alles
sagen wollte,
dächte ich mich zu oft still.

Also sage ich
noch weniger.

Doch nichts
zu sagen,
bedeutet
Lärm
in meiner Seele.

Und so
falle ich dem Lärm
halbherzig ins Wort
und verschweige
wieder
alles.

Verschlungen #2

Ich sage

manchmal
wenig mehr

Alles
wollte

weniger

Aber nichts

bedeutet

meiner Seele …

Und so

wieder
alles

Wenn

Wenn alle wären, wie Du bist.
Wenn alle fühlten, wie Du fühlst.
Wenn alle machten, was Du machst.
Wenn alle lachten, wenn Du lachst.
Wenn alle sähen, was Du siehst.
Wenn alle gäben, wie Du gibst.
Wenn alle hörten, wo Du hörst.
Wenn alle spürten, wen Du spürst.

Wenn alle schwiegen, wenn Du schweigst.
Wenn alle tanzten, wenn Du tanzt.
Wenn alle sängen, wenn Du singst.
Wenn alle klängen, wie Du klingst …
…dann ging' es vielen besser.
Noch – liefert man ans Messer.
Noch – schreit man, stolpert, grölt.
Noch – lebt man ausgehöhlt.
Noch – bleibt man lieber blind,
um nicht zu sehen, wie sie sind,
die nicht so sind
wie Du.

Wenn manche wüssten, wie Du liebst.
Wenn manche schwiegen, wenn Du lebst.
Wenn viele ahnten, was Du kennst.
Wenn viele glühten, wo Du brennst.
Wenn alle lauschten, wenn Du singst.
Wenn alle träumten, weil Du klingst.
…dann ging' es allen besser.
Doch – bleib' ich heute blind.

Nicht immer sehen, wie sie sind,
die nicht so sind wie Du.
Vielleicht ja morgen.
Heute nacht
lass' ich sie gern in Ruh'.

Wenn das Telephon klingelt

Wenn um neun Uhr das Telephon klingelt,
möchte Sabine Ackermann-Wünsch wissen,
ob ein Brötchenservice,
immer frisch und *Morgenrot*-günstig,
nicht meinen Tagesbeginn
versüßen würde –
Ich stelle mir Sabine vor.
Rote Wangen, braune Locken.
Ihre mehlweißen Zähne
lächeln mir ins Ohr.

Wenn um elf Uhr das Telephon klingelt,
möchte Claudia Schreiber-Stift fragen,
welche Zeitschriften ich
täglich, wöchentlich, gelegentlich,
aus privaten und geschäftlichen –
Ich stelle mir Claudia vor.
Sommersprossen und Nickelbrille.
Ihre unsichtbaren Blicke suchen
meinen Bücherschrank.

Wenn um drei Uhr das Telephon klingelt,
möchte Lena Fidelis-Schröpf anbieten,
mein Leben unverbindlich,
durch ein Lotterielos und ohne –
Ich stelle mir Lena vor.
Blonde Mähne und Silikonlandschaften.
Ihre Lippen nagen
an meinen schlaflosen Tagträumen.

Wenn um fünf Uhr das Telephon klingelt,
möchte Dr. Irene Geldermann-Münz vorschlagen,
meinen Lebensabend per Rente –
Ich stelle mir Irene vor.
Hosenanzug und dezenter Lidschatten.
Ihr Parfum sticht mir
in der Nase.

Wenn um zehn Uhr das Telephon klingelt,
möchte mich eine Computerstimme nötigen,
sofort eine Nummer –
Ich sehe Sabine, Claudia, Lena und Irene,
und mir wird schwindelig.

Wenn nachts das Telephon klingelt,
möchtest du mir sagen,
dass nach all' der langen Zeit –

Ich kann mir dich gar nicht mehr
vorstellen.

Werdegang

Nebeneinander

Zueinander

Voreinander

Aneinander

Übereinander

Ineinander

Miteinander

Beieinander

Voneinander

Gegeneinander

Auseinander

Durcheinander

Eine Übung Gottes

Der Himmel ist tiefgläubig blau,
umträumt den göttlichen Schlaf.
Sechsfach wedelnde Hand,
panisch schweigt der Seraph.

Doch die göttliche Nacht ist zerstört.
Gestank und Lärm zieh'n hinauf.
Der Engel flieht stumm das Gemach,
und der Wille folgt Seinem Lauf.

Die Geschwüre – alle geheilt?
Die Meerwasser – wogend und breit?
Kein Blut mehr – nährend den Fluss?
Kein Schreien und Flehen – kein Leid?

Die Sonne versengte die Brut!
Und Finsternis machte sie blind!
Der Ströme Kehlen war'n tot!
Wer bebte wie Höllenwind?

Seraph, kommt und bestaunt,
denn dieser dort unten soll's sein!
Schickt Schwefel und Asche und Glut,
und dann bringt himmlischen Wein.

Denn dieses Mal bleiben sie stumm,
von gläsernem Odem erdrückt,
beseelt von giftigem Wahn,
in nachtschwarzen Wolken erstickt!

Und Seraph, richtet das Bett.
Und schließt die göttliche Tür.
Dann streut ein weises Gerücht
und nennt einen Grund dafür.

Dass niemand mehr störe die Zeit.
Ich verfüge für jetzt, immerdar:
dass ich nicht zu nennen bin!
Nicht werde – nicht bin – und nie war!

Ein anderes Jahr

Frühling

Ich schließ' die Fenster, lösch das Licht.
Die Dunkelheit, sie wärmt mich nicht.
Ich folg' den Zeigern auf der Uhr,
lausch' deinen Schritten auf dem Flur.
Schon morgen fallen Tage sacht,
vom Baum der Seele dann bei Nacht.

Sommer

Postkarten aus Sand und Meer.
Die Kehrseite ist beinah leer.
Ein lieber Gruß, kein böses Wort.
Ein Frösteln weht von diesem Ort.
Ein Wind aus Eis und Zweisamkeit,
frankiert in einer andern Zeit.

Herbst

Ich seh' ein Lächeln, kurz und weit,
ein Farbtupfer Verbundenheit.
Ein Wohlgefühl, so unbekannt,
nimmt tausend Blüten in die Hand.
Und eine Bö, so zart und warm,
trägt sie auf unsichtbarem Arm.

Winter

Zu einem Lächeln, kurz und weit,
zur Sonne der Befangenheit.
Zu scheuer Nähe, heißem Licht,
zu einem Gruß, der wortlos spricht.
Und voller Sehnsucht auf das Jahr,
vergesse ich all das, was war.

Das Leben ist anders,
als das Leben der andern.
So fremd und verschieden,
so anders gleich geblieben … … … … … … …..

Windstill …

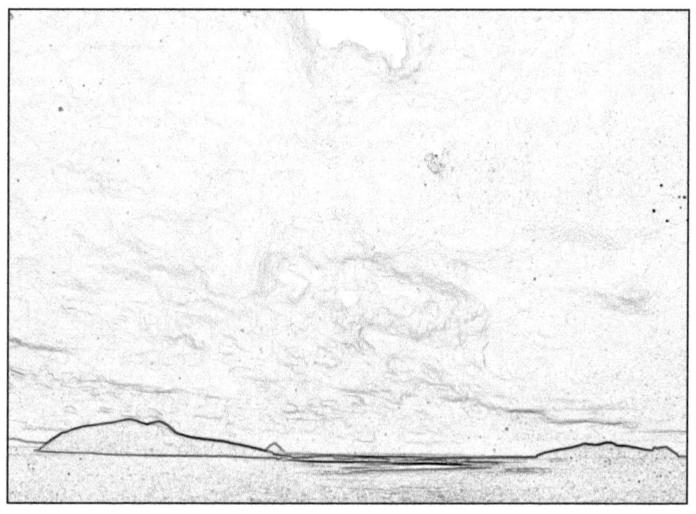

Der Golem

Oben, am Ende der Strasse,
zwischen zwei Schritten,
mit geschlossenen Augen
und windstillen Blicken.
Steinerner Golem,
eine Hand auf dem Rücken.

Oben, am Anfang der Felder,
Lehm an den Händen
der Krähenhortwächter,
die das Mutterkorn wenden
mit Federkiellachen,
das Nichts in den Lenden.

Oben, am Ende der Wälder,
sieht er mich gehen,
und ich hör' seinen Blick
meinen Atem verstehen,
und wir fühlen die Jäger,
Haut an Haut mit den Rehen.

Oben, am Anfang des Tages,
die Stirn voller Schweiß,
schweig' ich ihm zu,
was er von mir weiß,
und die Schlagzeilenboxer
verkaufen ihr Eis.

Oben, am Ende der Nacht,
unter den Sternen,
die Rehe gefüttert,
mit giftigen Kernen,
weil Jäger die Sprache
der Dummheit erlernen.

Auf meiner Seite des Bettes
stapeln sich Stunden,
die morgen verlieren,
was sie gestern gefunden.
Langstreckenschläfer,
die sich selbst überrunden.

An seiner Seite das Suchen,
nach Aufstehen und Gehen,
gebrannt in den Jahren
aus Spracheverdrehen,
unter taubstummen Blinden,
die alles verstehen.

In meinem Zimmer die Gier,
das Wort zu verschlingen,
Betroffenheitschöre
einmal nieder zu singen,
dem Nachrichtensäufer
einen Giftbecher bringen.

Vor seiner Türe die lähmende Lust,
ein Tauber zu sein,
Rehblicke schickend,
während Wortjäger schrei'n
und Schlagzeilen meißelnd
das Denken entzweih'n.

Oben, am Anfang des Herbstes,
auf tönernden Füßen,
wo ich und der Golem
das Seinwerden büßen
und langsam vereisend
den Winter begrüßen.

Oben, am Ende des Himmels,
betroffene Krähen,
über wortkargen Jägern,
auf der Suche nach Rehen,
die, selbst beiläufig schreibend,
das Mutterkorn säen.

Oben, am Anfang des Endes,
zwei Rehe verschwanden,
waidwunde Tiere,
die das Unterholz fanden,
sich unten, am Anfang,
sprachlos verbanden.

Zwischen zwei Schritten,
die Hand auf dem Rücken.
Keine Fragen, kein Bitten,
kein blödes Verzücken
vor Quotenschusswunden.
In das Leben gestorben,

Albatrostage, dem Himmel verbunden.
Wie Monde verborgen,
zwischen windstillen Sternen
die Stille umrunden,
mit taubstummen Worten,
in schweigvollen Stunden.

Geduld nur, mein Lieber!
Ein paar Jahre für dich,
ein paar Jährchen für mich,
bis der Sprengmeister leise
das Losungswort spricht.

Erster Versuch,
dich zu beschreiben

Bernsteinzeit

Wände gestrichen
mit brüchigem Licht.
Das Schweigen,
ans Fenster gelehnt,
spricht
Tropfen aus Mitleid
in die flach atmende Stille.
Und ewig lebende Kerzen
brennen ihre Wacht
in den Nebel
unzählbarer Erinnerungen.

Ohne Gepäck
stiegen sie aus,
die Worte,
aus den zerbrechenden Wagen.
Eiserner Zug –
nur für dich legte man
dieses letzte stählerne Gleis
in sprachlose Welten,
auf flüsternde Berge
und lautlose Täler,
in den ewigen Schlaf.

Nur die Zeit
wehrt sich
quälend
gegen das Ende.
Dreht sich im Kreise
blassgelber Ziffern

an deinem Arm.
Und misst
für dich
unsere Tage,
die immer
langsamer
werden.

Countdown

Drei Blätter des Abutilon
fielen zur Erde,
als du mir sagtest,
du habest Träume.

Ich kehrte sie am Morgen fort.

Zwei weiße Kerzen brannten still,
erloschen schwarz,
als du erzähltest,
du habest Pläne.

Ich kratzte das Wachs am Abend heraus.

Ein Spinnennetz hängt über dem Bett
und sammelt den Staub,
wenn ich es frage,
wann wird es Tag?

Und was ich bis dahin
machen soll.

Eroberung

Flüssiges Licht
liebkost den Pfirsischmond.
Zielstrebig blind
züngelt die glitzernde Schlange
Spuren in honigsüßen Flaum
aus Sternenstaub.

Lautlos bebende Hügel,
nur einen Zungenschlag entfernt.
Planetenhaut, so fremd,
doch in Gedanken schon erfühlt.
Brennender Atem,
wie Tau auf dem Visier
der Schüchternheit,
rauscht durch die Seele.

Höher,
Weiter,
Schneller,
Tiefer – tiefer,
über die Gipfel
hinab ins Meer der Seeligkeit.

Der Fahnenmast
versinkt im schwarzen Sonnenlicht.
Das Herz geballt
entlässt den stummen Schrei –
Wir waren vor euch da.

Die Antwort

Sie ist da.
Wie das Rauschen der Zeit im Kanalystem
meiner verdunstenden Gefühle.
Sie ist da.
Lauernd, auf den sturm-verregneten Wegen
zwischen Verstand und Seele,
schlafend auf den Nebelfeldern an den Wegen
zurück,
ist sie da.

Und ich fühle, wie sie hängen bleibt,
im Maschendraht meiner Zähne,
zwischen dem Öffnen und Schließen
eines Wimpernschlags,
stolpernd auf dem zeitlupenden Fluchtweg meines
Fingers
unter die Räder
sich ankündigender Tränen kommend.

Einen Herzschlag lang webt sie die Worte,
unschuldig und unantastbar wahr.
Und das stumme, unsichtbare Nicken
des ganzen Universums
verpuppt sich zu beredter Schweigsamkeit,
bevor meinem Mund
ein sprachloser Falter entschwirrt,
bunt und kurzatmig.

Sie ist da.
Aber sie ängstigt sich vor mir.
Sie verkleidet sich in ranzige Schreie,
damit ich ihre Zerbrechlichkeit nicht rieche und
höre.

Sie ist da.
Einer Katze gleich,
die ich redselig streichele,
auf dem Sofa der Schweigsamkeit,
während ich
in dieser Totenstille
glücklich-sein spiele.

Winternächte

Hölzern dürre Kronen,
festgefroren in den Sternen.
In dünnen Nebelmänteln
einsam schlafende Laternen.

Schwarze Scherenschnitte,
schweigend, kauernd in der Nacht.
Nur von Windes Klagen
und kreideblassem Schnee bewacht.

Müde liegt der Mond,
wie festgehangen zwischen Zweigen.
Schlafen will die Welt,
eingehüllt in Eis und Schweigen.

Jenseits meiner Fenster
liegen Spiegel auf den Seen.
Zitternde Gedanken,
die über Eis und Wasser wehen.

Sie lauschen jede Nacht
voller Sehnsucht in die Sterne,
von wo du wiederkehrst,
aus frühlingshafter, weiter Ferne.

Und wenn die Kronen blühen,
wenn aufwacht das, was lange schlief,
dann weiß ich, du kamst wieder,
weil ich dich immer wieder rief.

Fahnen

Wenn du an Größ'res
glauben kannst
als dich,
dann können Fahnen
dir gewiss
ein Leben lang
als Ziel
am Ende
deiner Wege weh'n.

Doch, wenn du zweifeln lernst
und spürst,
nur du bist wesentlich,
dann kann ich
freiwillig
und gern
für einen Augenblick
den Weg,
den eine Fahne weist
mit dir gemeinsam geh'n.

Im Garten

Himmel –
versteckt hinter eitel aufgedunsenen
Nachtwolken.
Halbwüchsiger Wind –
taumelnd im rissigen Porzellan
träumender Blüten,
die ihren Zorn in die Luft nicken
wie zu stark parfümierte Damen
auf ihrem täglichen Weg
zurück in die Jugend.

Kristallspuren –
Schleim auf viel zu jungem Grün.
Zu Mandalas gefressene Fenster blinder Völlerei
auf kränkelnden Knospen, die sich den Hitzetod
für eine letzte schwüle Stunde
aus den schlafenden Blättern fächeln,
träge dem Abend entgegen.

Antennen auf verkrüppelten Dächern
harken den Abfall aus den Sternen
und zerstäuben den Duft süßer Fäulnis
unter anfälligen Trieben.
Im brüchigen Laub vergangener Tage
sitzen wir
lächelnd
auf einer Bank
und wachsen,
tief verwurzelt,
auseinander.

Im Reinen

Ich bin mit mir im Reinen.
Ich bin nicht porentief rein.
Ich pflege die
unzugänglichen Winkel
und ihren unbesiegbaren,
matt glänzenden Firn.

Ich bin mit mir im Reinen.
Ich bin nicht makellos.
Ich verehre die
vergessenen Ecken
voll verlorener,
schlafender Versäumnisse.

Ich bin mit mir im Reinen.
Ich bin nicht ungetrübt.
Mich schmerzt die
schlüpfrig glänzende Weite,
hygienisch glatter,
fremd gescheuerter Möglichkeiten.

Ich bin mit mir im Reinen.
Ich bin nicht unverdorben.
Ich liebe den
süß-dunklen Nachtmantel
vergossener Wünsche
und verstreuter Undenkbarkeiten.

Ich bin mit mir im Reinen.
Deswegen fürchte ich mich
täglich
vor dem
sauber aufgewirbelten
Schmutz
fremder Putzkolonnen.

Rosentau #1

Rosentau versinkt im Nebel,
brunnentiefe, klamme Nacht.

128

Wassermantels dünner Faden
webt aus Tränen einer Schlacht

nasse Tücher für die Träume,
die aus schweren Wolken fallen,

mit erfrorenen Gedanken
sich an kalten Sturmwind krallen.

Rosentau #2

Rosentau stürzt über Klippen,
weiße Wogen, voller Saft.

Ewig malt das Mühlrad, ewig,
Blut zu Wasser, dauerhaft.

Schaumkronen auf grauen Schädeln,
blanke Angst badet in Schweiß,

und im Winter uns'rer Worte
gefriert der Speichel uns zu Eis.

Rosentau #3

Rosentau spiegelt den Himmel,
schwang're Tropfen, praller Bauch.

Nasse Lippen wässern Kehlen,
für den allerletzten Hauch,

der als Rinnsal durch die Kiesel
fremder, trock'ner Betten fließt,

mit dem Wind tanzt, bis er nächtens
junge, rote Rosen gießt.

Salvatorische Klausel
(Vor dem Rennen)

Es lag in der Luft
Dann stand es im Raum
Später flog es durch die Gegend
Es bewegte sich

Allerdings Fortschritt und Annäherung
sind verschiedene Disziplinen
Kurzstrecke Langstrecke

Sich gleichermaßen im Kreise drehen
als bösartiger Sonderpreis
körperertüchtigenden Schicksals

Sozusagen gäbe es sie die dritte Seite der Medaille

Wenn sie denn überhaupt später
den müden Kopf
Richtung Seele ziehen darf

Erstaunlich
keine Umwege und doch so viele
die weinend zu spät ankommen

Nach dem Schuss dem Ziel entgegen fliegen
oder die Strecke erkennen

Jedoch das eine wie das andere unbeschreiblich

Es lag auf der Hand
Dann stand es im Weg
Später flog es auseinander

Welch obszöner Betrug und Frevel
es nur mit schmerzlindernder Medikation
ins Ziel zu schaffen

Alles nur Spiel
Pillen und Cremes
Schnelle Schuhe
Schnellere Schuhe
Allerbequemst

Wir laufen schon lange

Wissen verstaut in braundunklen
gläsern vergessenen Preziosen
Bis auf das eine
am Ende
lebenserhaltende

Sollten einzelne Bestimmungen unwirklich
oder undurchfühlbar sein oder nach Abschluss
unwirklich oder undurchfühlbar werden
bleibt davon die Wirklichkeit im übrigen unberührt

An die Stelle der unwirklichen oder
undurchfühlbaren Bestimmung soll diejenige
wirkliche und durchfühlbare Regelung treten
deren Wirkungen der wirtschaftlichen Zielsetzung
am nächsten kommen die mit der unwirklichen
oder undurchfühlbaren Bestimmung verfolgt wurde

Wir

laufen

schon

lange

Schlaf

(Wolfgang Schultz 1955-1998)

Und wenn sie dich
dann einen Spaten tief
zur Ruhe legen.
Und wenn der Baum,
den deine Seele nährt,
den Mond berührt.

Dann leg' ich mich
zu dir und zeig' dem ersten Schnee,
dem ersten Regen,
wie man den letzten Traum,
den deine Angst verlor',
tief in die Erde führt.

Mögen die Toten weh'n,
um Mitternacht wie Nebel kurz
dem Schlaf entfliehen.
Ich schlaf' bei dir
und werd' dich leise
an mich zieh'n.

Und wenn sie aufersteh'n,
die nie gefallen sind,
sich zu besiegen.
Dann halt' ich dich
in meinem Arm
und weiß,
wir bleiben
eng umschlungen
liegen.

(frei nach Heinrich Heines »Mein süß Lieb«)

Schweig', damit ich dich verstehe

Schweig',
damit ich dich verstehe,
und damit ich,
augenschließend,
mehr als einen Körper sehe,
den ich
– stünd' er in der Ferne –
fühlen kann
in seiner Nähe.

Ohne trennend, scharfe Worte.
Ohne formend, heißen Blick.
Ohne brennende Berührung.
Ohne sehnsuchtsvollen Schritt.

Schlaf',
damit ich von dir träume,
und damit ich,
mondumarmend,
alles auf der Welt versäume,
was mich wortgewaltig anfasst,
abwärts stößt
in schwarze Räume.

Ohne einend, helles Schweigen.
Ohne blindes, klares Sehen.
Ohne ahnende Umarmung.
Ohne taubstummes Verstehen.

Schweig',
denn ich will,
augenschließend,
mehr als einen Menschen sehen.

Seelenhäuschen

Die Räume
meines Kellers
sind geradezu
obszön
groß.
Deswegen
hängt
dort
(pardon)
auch jeder Scheiß
an der Wand.

Das Erdgeschoss
zieren,
zur Straße hin,
verhangene Fenster.
Eine Tür
(ein wenig zu protzig)
nach hinten
hinaus.

Treppauf
stehen Bilder
und andere Ziele
auf
uneb'nem Boden
(mir fehlen die Nägel)
und warten
auf morgen.

Im Dachgeschoss,
unter dem Himmel,
bleibt
an den schrägen Wänden
(und wunschfeuchten Balken)
kaum etwas
haften.

Tempel

In meiner Erinnerung
ruhen unsere Tage
hier eng umschlungen.
Frierende Gedanken ertasten die
Mauern und vertrauten Risse.
Die letzten Worte
liegen zerborsten
im Laub auf den Stufen.
Zu Eis gewordener Atem,
nach dem Frost.

Unter Denkmalschutz gestellte
Ruinen.
Vorausahnende Auflagen
einer Unmöglichkeit:
Wiederaufbau.
Unlösbarer Auftrag,
selbst für die Baumeister
einer allmächtigen Vergangenheit.

In den Winternächten
stürzen vernarbte Steine
lautlos in die Tiefe.
Aus dem eisigen Himmel
gesprengte Sterne
zerschneiden den schlafenden Verband
aus schwarzen Ranken und Immergrün
und versinken im
gefrorenen Moos
schon damals lichtloser Gewölbe.

Die Götter sind Spieler,
und ich warte zitternd
auf ihren nächsten Zug,
mit dem sie einen Fehler machen.

Treibholz

Aufgeschwemmt auf Felsenzähnen.
Eingekeilt im Algenstein.
Trümmerholz aus stummen Kähnen,
sollte einmal Worte sein.

Wahr-los aufgetürmte Nester.
Gurgelnd, modriges Versteck.
Hölzern, sprachloses Orchester.
Klanggewaltig, dunkler Dreck.

Messerscharfe, alte Splitter
wühlen sich durch trüben Grund.
Abgestorben, seicht und bitter,
schaumumflorter Ufermund.

Ziellos treiben Jahresringe
brodelnd in der Strömung hin.
Einsam, doch beredsam tödlich,
ohne Halt und ohne Sinn.

Ast und Stämme, Wort und Sätze
fließen stöhnend kreuz und quer.
Und die Biber der Erinn'rung
bauen schweigend Wall und Wehr.

Morgen, an den Wasserfällen,
wo die Regenbögen weh'n,
werden alle Stämme brechen,
und man wird den Klang versteh'n.

Umsonst

Wie kann ich es sagen?
Was soll ich erzählen?
Ich hab' es ein ganzes
Leben versucht.
Aber die Worte,
sie kamen abhanden.

Wertvoll, zerbrechlich,
verzaubert und stolz.
Dein Haar auf dem Kissen,
wie Flüsse aus Gold,
die die Wege von selber
fanden.

Wache nicht auf.
Bewahr', was du siehst.
Träume sind unsere Antwort.
Du gäbest mir sicher,
sicher nicht Recht:
ich muss um sie kämpfen,
um sie, ihre Gunst …
Deine waren immer – umsonst.

Wache nicht auf.
Ich möchte es nicht.
Ich möchte nicht, dass du es siehst:
ich muss um sie kämpfen,
um sie, ihre Gunst …
Deine waren immer – umsonst.

Überredet

Überreden,

ohne

zu

übersehen,

dass

man

überhört,

was

gefühlt

wird,

ist

sinnlichste

Rhetorik.

Überreden,

Werdegang #2

Das Bett fühlen
und die Seele wissen lassen,
dass es der Anfang allen Anfangs war.
Das Brot riechen
und die Augen kosten lassen,
was der Mund kaum erwarten kann.
Die Uhr hören
und die Hände in den Schoß legen,
weil die Zeit sich Zeit lassen wird.
Die Tür sehen
und den Träumen versichern,
dass ihnen die Welt dahinter zu Füßen liegt.

Das Bett fühlen
und der Seele versprechen,
dass es nicht der Anfang des Endes sein wird.
Das Brot riechen
und die Augen schließen,
weil der Mund es nicht mehr spüren kann.
Die Uhr hören
und die Hände in den Schoß legen,
weil die Zeit verging.
Die Tür sehen
und sich fragen,
ob die Welt noch dahinter liegt.

Das Bett fühlen.
Das Brot riechen.
Die Uhr hören.
Die Tür sehen.

Das Bett.
Das Brot.
Die Uhr.
Die Tür.

Das Bett.

Zimmermädchen

Sie sieht es nicht.
Sie hat die Pflicht,
die Echos zu vertreiben.

Die weißen Wellen
auf den Laken,
die so nie wiederkehr'n.
Wo meine Hände ruhten
und sich durch graue Schollen
dunkler Träume kämpften.
In harte Nähte
deine zarte Nähe dachten,
als sie am Morgen
fern von dir
erwachten.

Die handbreit Vorhangweg,
die ich zum Leben brauchte,
um einen Stern zu seh'n,
den bittend ich
am Fenster fragte,
er möge auch für dich,
für diesen Herzschlag lang,
am gleichen Himmel steh'n.
So wird den Faltenwurf
aus blindem Stoff
kein Aug' mehr seh'n.

Sie sieht es nicht.
Sie hat die Pflicht,
das Beet vorzubereiten,
in dem der Same reift,
den and're Träume seh'n.

Der Wasserfleck
auf schwarzem Marmorstein,
den ich so sehnsuchtsvoll
zu deiner Spur gedacht,
durch die mein Finger fuhr
nach endlos
trock'ner Nacht.

Das Modemagazin,
das aufgeschlagen schweigt.
Ein Stück Papier,
das eine Frau
mit deinen Zügen zeigt.
Dort –
so –
nie mehr,
weil morgen dann
ein neues Heft
zu alten Träumen schweigt.

Der Griff an dieser Tür.
Der Abdruck meiner Hand.
Der Weg hinein zu dir.
Der Haken an der Wand,
der meinen Mantel trug,
den ich von dir bekam,
als unser Sommer ging
und unser Winter kam.

Sie sieht es nicht.
Sie hat die Pflicht,
nur weiße Seiten auszulegen.
Den Staub von Schwüren
und von Nacht
folgenlos
auszufegen.

Das Glas mit Wein,
das ich nur deshalb übrig ließ,
weil du,
in einer and'ren Zeit,
aus Angst
den Rest
aus meinem Glase trankst.

Sie kann es nicht.
Sie kann es mir
nicht nehmen.
Die Tränen vor der Nacht,
den Regen
auf der kalten,
trüben
Scheibe.

Der gestern nicht wie heute,
nicht wie morgen ist.
Und der doch
immer wieder
auf die gleiche Art
sagt:

Bitte bleibe …

Zwischen den Zeilen

Genug Platz
zwischen den Zeilen,
für alle Gedanken,
die wir beide teilen.

Genug Raum,
um darin zu lesen,
zwischen den Zeilen,
von Seele und Wesen.

Genug Platz
zwischen den Zeilen,
um Worte zu stellen
und darin zu verweilen.

Genug Raum
zwischen den Zeilen,
um Sätze zu finden,
die schweigen und heilen.

Genug Platz
zwischen den Zeilen,
für das, was wir finden,
um es
redlich
zu teilen.
Genug Platz
zwischen den Zeilen.

Gedenken

Das Ende bläst den Jägern ins Gesicht,
denn in der Luft liegt heißer Pilzgeruch.
Der Affe, auf der Suche nach dem Buch,
krault sich den Kopf im faden Abendlicht.

Die heiße Luft umspielt die kalten Lippen.
Die letzte Wand sieht vor sich einen Rücken.
Erst bricht das Herz,
dann brechen Kopf und Rippen.
Und oben drauf, kreischt's Äfflein vor Entzücken.

Lind …

Jahrhunderte

Wäre die Welt ein Wald
und jeder Mensch ein Baum,
klängen fallende Blätter
nicht nach Panik und Angst.

Blüten verströmten nicht den Duft
von Neid und Eifersucht,
und Früchte schmeckten nicht
nach Gier und Eitelkeit.

Vor allem aber
tränken wir beide
denselben Regen,
atmeten denselben Wind,
liebten dieselbe Sonne
und wüchsen in denselben Himmel,
Jahrhunderte lang.

Manchmal träume ich

Manchmal träume ich im Gehen.
Ich bin nicht der Mann vor mir.
Ich bin nicht die Frau an seinem Arm.
Ich bin das Paar.

Manchmal träume ich im Stehen.
Ich bin nicht seine Hand.
Ich bin nicht ihre Haut.
Ich bin ihre Umarmung.

Manchmal träume ich im Liegen.
Ich bin nicht ich.
Ich bin nicht Du.
Ich bin wir.

Und die alltägliche,
kosmische Katastrophe
ist ein all-ewiglicher,
universeller
Glücksfall.

Unter dem Zitronenbaum

Unter dem Zitronenbaum
leben.
Und
täglich
wachsende,
grünharte
Unreife
ausdrücken.

Unter dem Zitronenbaum
leben.
Und
täglich
reifende,
gelbweiche
Limonade
destillieren.

Insel
(Haiku #1)

158

Bouganvillealicht.
Sandgestrandete Wellen
küssen den Frühling.

Zauberhafte Worte

Zauberhafte Worte,
an mich gerichtet,
sind wie
märchenhafte Orte.

Ich zög're und
beweg' mich kaum.
Ich
zerstöre
keinen Traum …

Ich schwank' und staune,
denk' bei mir:
Nein – nein,
gehört bestimmt nicht dir!

Dann macht es
Plop!
Welch fieser Ton!
Ich sag':
ich dachte es ja schon.

Doch irgendwie –
ist mir zumut'
so gänzlich
anders …

Mir
geht's
gut!

Windweit der Mensch

So weit der Mensch, so grenzenlos verborgen,
so fühlbar hier, wenn auch so göttlich fern,
gestrige Spur in and'rer Seelen Morgen,

der andern Wege vertrauter, fremder Stern.
Greifbare Worte, auf stummen Blicken reitend.
Windweiter Mensch, mein schlafend, eig'ner Kern.

Wie allumfassend, Unendlichkeit begleitend,
ist die Berührung aus Segen und aus Leid.
Windweit der Mensch, Begreifen überschreitend,

sein eigen Maß, Sandkorn der andern Zeit.
Vertrauter Traum, der meine Tage stillet,
nur, weil er ist, lebendig und windweit.

Mein Ich berührt und meine Seele füllet,
damit sie wächst, nie ewig unbeschrieben,
auf sich gestellt, sich nur in Schweigen hüllet.

So riesenhaft sein Hassen und sein Lieben,
die Feuerspur der Schritte seiner Welt,
dass in Erinnerung manch' Trümmer übrig blieben,

als falsches Bild, von Blinden aufgestellt.
Und dennoch fest, ein Leben lang umschlungen,
nur weil es lebt, als Feigling und als Held.

Kein Echo stirbt, das einem Herz entsprungen.
Windweiter Mensch, mein eig'nes Samenkorn,
auch wenn du schweigst, auch wenn das Lied
verklungen,

ein neuer Baum singt dir das alte Lied von vorn'.
Und wenn es heißt, so eng und klein im Sterben:
vergesst, was ist, was war, vergesst die Zeit,

dann werden and're all' meine Leben erben,
nur, weil sie sind – lebendig und windweit.

Krumen

Am Ende aller Tage
werd' ich nach Hause geh'n,
mit fein geschliff'nen Tränen
vor deinen Augen steh'n.

Der Stuhl, den du mir bietest,
bleibt eiserne Ration,
noch hab' ich nicht gestanden:
ich saß in Babylon.

Und Wein und Brot und alles,
das meinen Hunger nässt,
wird lange warten müssen,
wenn du sie warten lässt.

Denn Worte suchend Hände
und Schweigen funkend Flug,
sind alles, was ich brauchte,
jetzt Nahrung mir genug.

Solange alles Wasser
in diesen Krügen ruht,
weiß ich mich zu erinnern
an Stolz und Wankelmut.

Und jede deiner Gesten
ist süßer als der Wein,
der nur das Echo füttert:
mit ihm war ich allein.

Am Ende aller Tage
lass' Brot und Wasser steh'n.
Von jetzt an wird mein Hunger
nur deine Wege seh'n.-

Sie nähren die Erinn'rung …
Ich will sie alle geh'n …

Verweht …

Der Schornstein

Ein Schattenriss,
ein dunkler Schlot,
gebrannt in schwarze Nacht.
Noch schweigt das Holz,
noch schläft der Rauch,
auf Flammen nur gedacht.

Ein Atemzug
aus Zweifelhaft
und alle Welt erkennt,
den Fadenschein
aus grauem Qualm,
wenn Stille leis' verbrennt.

Den langen Weg
durch kalten Stein,
hinauf zum Himmel schwebt,
solange dort,
im tiefen Grund'
ein schwaches Feuer lebt.

Ein Schattenriss,
ein grauer Schacht,
verbrannter Balsatraum.
Die Nacht vergeht,
der Rauch verweht,
man schläft und sieht ihn kaum.

Damals

Damals
kamst du zur Tür herein.
Damals
wäre ich dir auch hinaus gefolgt.
Damals
hatte die Tür zwei Seiten.
Damals
war der Staub in unseren Zimmern
für dich ein Zeichen,
dass der Wind sich gelegt hatte.
Für mich war er,
damals,
Beweis für sein Fehlen.
Damals
konservierten wir unsere Gefühle
in den Salzfässern unserer Freudentränen.
Damals,
im Keller unserer Intelligenz,
für schlechtere Zeiten.
Damals
konnten wir gefahrlos
über den Wind sprechen,
denn unser Haus hatte,
damals,
ein Dach.
Damals begann die Liebe.

Damals begann die Liebe
durch die Zimmer zu wandern.
Damals,
auf der Suche nach einer Tür,
die nach draußen führt.

Ohne Worte

Liebst du mich?
fragte sie ihn.
Und mit wachsweichen Knie'n,
am kerbigen Tisch,
sah er sie an:
ich bin dein Mann ...

Verstehst du es?
fragte er sie.
Und ihr Lächeln verzieh',
sprach: eh' ich's vergess',
wär' es dir lieber,
wir sprächen darüber ...

Kennst du mich?
Kannst du es seh'n?
das Windmühlendreh'n,
das *an-und-für-sich* ....
Und du meintest – genau:
ich sei deine Frau ...

Empfindest du es?
schwieg er ihr zu.
Das, was ich tu',
und eh' ich's vergess',
wär' es dir lieber,
wir schwiegen darüber ...

Weißt du warum?
suchte sie ihn.
Er hatte verzieh'n
und forderte stumm,
sich zuzuhören,
den Sinn zu beschwören …

Liebst du mich?
Und die Antwort spricht
im nebligen Licht
des *an-und-für-sich*,
mit kühlenden Fragen,
an schwül-warmen Tagen …

Erinnerung

Windvertriebene Erinnerungen
zwischen borkigen Beinen der Zeit.
Auf den Fächern meiner Gedanken
rieseln sie zu
ausklappbaren Segelschiffen.
Und in der Brise
umklappender Seiten
stehe ich
mittschiffs,
heute,
und schaue heckwärts
ins stürmisch, träge Gestern.

Klöppelstickende Hände
und einäugige Phantasien
setzen Segel aus Fragen,
knüpfen ein weißes Netz.
Vorne,
am Bug.

Morgen,
wenn ich dort ankam,
werde ich es benutzt haben,
meine Tage
be-*netzend*.
Und aus
traumschrotzerschoss'nem Nachthimmel
möchte ich
meine Sterne fischen
und sie im Meer versenken.

Auf
das
mein
Ankerplatz
nicht in
Vergessenheit
geraten möge.

So-nett

Ich bin verrückt. Ich rede wirr und ohne jeden Sinn.
Du schaust mich an und lächelst sehr kokett.
Mein Blick zerfällt und denkt nur noch: wohin –
auf dieser Welt –
war nie ein Mensch so nett.

Ich wache nie mehr auf, oh nein, ich bleib' hier stehen.
Ich sterbe hier vor dir als steifes Brett.
Vielleicht ja auch in deinen Augen – untergehen.
Nie klang dies Wort
auf dieser Welt so nett.

Ein Laken, weich und warm und du ganz nah.
Und Wolken weiß um uns und unser Bett.
Ich bin schon lange tot. Es ist nicht wahr.
Auf dieser Welt
war keine je so nett.

Es wäre wahr, wenn ich die Wahl nur hätt'.
Ich wäre gern'
zu dir
einmal
so nett.

Ich wollte lieben

Ich wollte lieben und geliebt werden.
Also begann ich, mich zu verlieben.
Irgendwann fand ich
ihren Körper zu verschlossen.

Ich wollte lieben und geliebt werden.
Also begann ich, mich zu verlieben.
Irgendwann las ich
in ihren Augen von brennendem Zweifel.

Ich wollte lieben und geliebt werden.
Also begann ich, mich zu verlieben.
Doch irgendwann schmeckten
ihre Küsse nach Kupfer und Almosen.

Ich wollte lieben und geliebt werden.
Also begann ich, mich zu verlieben.
Aber irgendwann klangen ihre Worte
nach Schweigen und Veränderung.

Ich wollte lieben und geliebt werden.
Also begann ich,
die Spiegel
abzuhängen.

Eindeutig zweideutig

Eindeutig:

Ich träume nachts
von wunderschönen Drachen,
die hässliche Prinzessinnen
befrei'n.

Ich höre einen Menschen
herzhaft darüber lachen.
Und denke mir:
so sollt' das Leben sein.

Zweideutig:

Ich träum' und spiele Golf
mit blinden Jungfrau'n.
Kein Schuss gelingt,
ich liege hoffnungslos zurück.

Die Damen flüstern leis'
beim letzten Zuschau'n:
Na, junger Mann!
Da hatten wir ja Glück …

Lieben sie wohl

Drinks an der Theke.
Worte im Stehen.
Der Rest ist Verschweigen.
Jetzt lass' uns gehen.

Ich will keinen Namen.
Kein Wort, das zerbricht.
Ich seh's Ihnen an.
Sie denken wie ich.

Lieben sie wohl.
Ich seh' sie gern' kommen.
Ich seh' sie gern' gehen.
Lieben Sie wohl.
Und gar nicht erst anfangen,
es auch zu verstehen.

Ich seh' Ihre Augen.
Ich seh' Deinen Mund.
Ich weiß für die Nächte
keinen besseren Grund.

Danach wirst Du gehen.
Doch jetzt sind Sie da.
Ich werd' Sie vergessen.
Doch jetzt sei ganz nah.

Wind
(Haiku #2)

Wind in den Bäumen.
Hinter beschlag'nen Scheiben
liegt ein Herz im Schnee.

Verantwortung

Warum träumt ihr noch
and'rer Menschen Träume?
Macht euer Herz
zu and'rer Seelen Stein?
Und werft euch blind
in eure eig'nen Fenster,
ladet den Dieb
in eu're Häuser ein.

Warum vertraut ihr noch
and'rer Lippen Worte?
Die stets nur eins getan,
sich anspruchslos versprochen!
Warum nur, sagt,
wählt ihr die gleichen Dolche?
Ihr wurdet doch
schon gestern stumm gestochen.

Warum verbrennt ihr euch
und eure eig'nen Ziele,
in einem Ofen,
der nur sich selber wärmt?
Warum verschenkt ihr
zweifelnd Kreuz und Stimme,
ihr habt gebückt
und stumm doch viel gelernt?

Die Stadt der Sehenden
wählt blanke, weiße Zettel.
Die Stadt der Blinden
nur Elend und Gestank.
Warum nur säht ihr
die ewig wahren Bitten
auf toten Boden
und phrasenhaften Dank.

Warum nur, wählt ihr noch?

Verkehrstote

Ich habe sie gesehen.
Sie überquerten ihren Alltag
wie eine Schlangengrube:
weiß und schwarz
und weiß und schwarz.
Herzdame und Herzbube.

Ihre Seelen folgten
mit klebrig schweren Schritten:
schwarz und weiß und schwarz
stumme Tropfen
blind und taub,
zäh wie frischer Harz.

Wir beide kennen viele.
Wir bilden ihre Fragen,
wenn ihre Augen sagen:
warum nicht wir?
Warum nur ihr?
Wie konntet ihr das wagen?

Gemeinsam,
einzeln,
immer wieder,
immer noch,
für sich,
zusammen,
nicht allein zu sein?!

Sie fühlen, wie du bist.
Sie ahnen, wie wir sind.
Wir liegen uns in den Armen.
Sie lagen sich in den Haaren.
Wir fallen uns um den Hals.
Sie übereinander her
und dann aus allen Wolken.

Manchmal sprachen sie sich
aus.
Wir schweigen uns
in uns hinein.
Sie suchten sich selber.
Wir finden den ander'n.

Sie fahnden nach Worten.
Wir hör'n ihnen nach.
Sie kauften sich Wände.
Wir bieten ein Dach.
Sie lebten am Tage
und wir jede Nacht.

Sie spielten Verstecken.
Wir spielen Entdecken.
Sie hatten
sich.
Wir haben
uns
und schaffen uns Zeit.

Sie schafften sich Uhren an.
Sie machten Karriere
und sahen sich dann und wann.
Sie lasen die Bücher von hinten
und kamen doch nie am Anfang an.

Ich habe sie gesehen.
So viele von ihnen.
So wenige von uns.
Steinerne Mienen.
Lächeln als Kunst.
Über den Schlangengruben.
Herzdamen und Herzbuben.

Sie übten vor dem Spiegel
die Einzigartigkeit
und gingen auf die Bühne
aus weltläufiger Einsamkeit.

Nein – ich denke nicht,
wir wären besser …
Nein – ich denke nicht,
wir wüssten mehr …
Nein – ich denke nicht,
wir fühlten tiefer …
Nur,
sie kommen immer näher.

Graue, kalte Nebelfahnen,
um uns're Küsse,
die sie ahnen,
in die Erinn'rung einzubauen,
weil sie ihren eig'nen Lippen
auch morgen keinen Kuss zutrauen.

Hilflos im Handeln,
ratlos im Denken,
fahren sie jede neue Beziehung
wie ein gerade geliefertes Auto.
Liebe wie Chrom.
Doch meistens zu Fuß,
an fremden Fenstern vorbei.
Flatternde Blicke kaufen
sich Möglichkeiten.
Liebe wie Liebelei …

Über die Schlangengruben,
ins nächste Abendrot.
Rasend das Leben suchen.
Im Nacken fährt der Tod.

Sich in dich hinein zu denken
heißt, sie überfühlen können.
Sich in dich hinein zu fühlen
heißt, ihr Denken nicht zu seh'n.
Tief in dich hinein zu schauen
heißt, sie aus den Augen zu verlieren.
Und in dich hinein zu kriechen
heißt, ihnen aus dem Weg zu geh'n.

Ich h-a-b-e sie gesehen.

Gestorben auf den Laken
aus Leinen, Samt und Seide.
Schwarz und schwarz
und schwarz und schwarz.
Nur ihre Nebelseelen,
erhängt an gold'nen Haken,
wehten leis' im Raum.

Und auf den schwarzen Tüchern
aus Leinen,
Samt
und Seide,
Konturen
ihrer
Träume

aus

trockner,

weißer

Kreide.

Atemräuber

Der Insel schon gebor'n,
bevor der Lenden unbekannte Wünsche
die Ziele planten, die für ihn erdacht,
um Teufel zu erschlagen.
Schon in der Wiege Flaum, lag unbekannt
vertrauter Traum.

Kein Zwang gebar die Flucht,
kein Schiff trug Seelen fort in and're Welten.
Der König jung und lenkend jeden Tag,
den Sturm auf seinem Lächeln,
ruft Fragen in den Wind, hört Antworten,
wo keine sind.

Die Wunder, die geschah'n,
das Narrengold, das reiner Wille prägte,
doch stets bereit, zu zahlen jeden Preis.
Des Atems Zauberwort,
getränkt mit jungem Blut, war'n alle Zeit
ihm Grund genug.

Nicht Sklave wollt' er sein,
nicht wilde Fratze, die den Traum verwünscht,
als Hexenbrut das Grün der Bäume stiehlt,
den Wind in Ketten fesselt,
den er befreien kann, mit einem Satz
von seinem Bann.

Doch alle Zauber flieh'n,
wo nur Vergessen blinde wütet,
wenn jedes Korn schon faulend ausgesät,
den Atem zu bezwingen.
Das Hoffen sprachlos floh'. Sprich du,
mein Prospero:

»So brech' ich meinen Stab,
begrab' ihn manche Klafter in die Erde.
Und tiefer als ein Senkblei je geforscht,
will ich mein Buch ertränken.
Mach' mich aus Bannes Schoß durch meine
eig'nen Träume los.«

Wasser

Ich hatte das Wasser
in meinen Händen
in Meeren verloren.
Es wieder zu finden,
jeden der Tropfen,
schweigend geschworen.

Ein Schwur nur für mich,
zwei Hände, zehn Finger,
die Wellen zu heben.
Den Wolken, dem Regen,
dem flüchtigen Tau
keine Chance zu geben.

Selbst Tränen in fremden,
seeblauen Augen,
stellte ich Fragen:
ob Mündung und Quelle
Kenntnis besäßen
und Spuren tragen,

Von Rinnsal, so kostbar,
wie keines zuvor.
Neben Lippen zerronnen,
an Worten vertrocknet,
in feuchtblindem Schwarz,
den Nebel gewonnen.

Ich fand einen Tropfen
auf einem Fenster,
mit Aussicht auf Meere.
Er rann aus dem Gestern,
alles verschweigend,
nur eine Beere,

aus Wasser und Zucker,
zwischen Zähnen zerplatzend,
die Süße verfluchend,
den Ozean pflügend,
die wichtigste Träne
ein Leben lang suchend.